Peter Hahne · Mut für den Tag

Peter Hahne

Mut für den Tag

365 wegweisende Gedanken

JOHANNIS LAHR

Bildnachweis:
Umschlagbild: oben: E. Van Hoorick;
unten rechts: B. Schellhammer; unten links: P. Santor
Innenbilder: S. 5: B. zur Bonsen; S. 13: C. Siebert;
S. 21, 209: F. Mader; S. 29: W. Konrad; S. 37: Graf/IFA-Bilderteam;
S. 45: Bildarchiv Fiebrandt; S. 49: Nacivet/IFA-Bilderteam;
S. 57: U. Kröner; S. 65: H. Schlegel; S. 69, 165: © UM;
S. 73, 113: P. Santor; S. 81: W. Söllner; S. 89: G. Hettler;
S. 97: M. Ruckszio; S. 105: P. Kleff; S. 117: H. Herfort;
S. 125: Schneider/Will; S. 133: M. Neufeld; S. 141: W. Guthmann;
S. 149: Dalton/Silvestris; S. 157: R. Rauth; S. 173: E. Sadowski;
S. 181: G. Eppinger, jr; S. 189: H. Mülnikel;
S. 197: Elfner/IFA-Bilderteam; S. 201: R. Maier/IFA-Bilderteam;
S. 213: K. Stramm; S. 221: T. Krüger

Die Deutsche Bibliothek – CIP-Einheitsaufnahme

Hahne, Peter:
Mut für den Tag : 365 wegweisende Gedanken / Peter Hahne. –
2. Aufl. –
Lahr : Johannis, 1994
ISBN 3-501-02328-6 Gb.
ISBN 3-501-02318-9 Gb. (bibliophil)

Bestell-Nr. 02328
Bestell-Nr. 02318 (bibliophil)
1. Auflage September 1994
2. Auflage November 1994

Gesamtherstellung:
St.-Johannis-Druckerei, 77922 Lahr
Printed in Germany 11986/1994

Liebe Leserin, lieber Leser,

ein nicht alltägliches Buch halten Sie in der Hand. Ein Buch, das Ihnen »Mut für den Tag« geben will. Immer wieder werden wir mit schlechten Nachrichten konfrontiert. Ob wir die Zeitung aufschlagen oder uns in der Nachbarschaft umhören: meist macht das Negative Schlagzeilen.
Ich möchte Ihnen für jeden Tag eine gute Nachricht weitergeben. Etwas, das aufbaut und stärkt, nachdenklich stimmt und in Bewegung setzt. Impuls für den Alltag. Einen Gedanken, der Hinweis sein soll auf *die* gute Nachricht: das Evangelium von Jesus Christus.

Der freie Platz ist für Ihre privaten Notizen gedacht – sei es als immerwährender Kalender oder als persönliches Tagebuch.
Ein gutes Jahr mit Mut für jeden Tag und beste Segenswünsche!

Ihr P. Hahne

Peter Hahne (Mainz)
Fernsehmoderator und Mitglied im Rat der EKD

1 Januar

Ich will das neue Jahr mit der Initialzündung der Dankbarkeit beginnen.

2 Januar

Gewisse Hoffnung schenkt einen weiten Blick.

Januar 3

Hoffnung ist Motor und Impuls, mit dem langen Atem der Zuversicht an der Arbeit zu bleiben.

Januar 4

Die Welt bietet Zufriedenheit, Christus schenkt Frieden.

5 Januar

Gott gibt zu jedem Auftrag die nötige Kraft.

6 Januar

Geduld heißt: Gott weiß am besten, wann ich an der Reihe bin.

Januar 7

Nicht Jahre voller, sondern Jahre erfüllter Zeit stillen den Hunger nach Leben.

Januar 8

Wer Gott sucht, findet das Leben.

9 Januar

Ewiges Leben gibt Kraft zum Überleben.

10 Januar

Dankbarkeit ist die beste Medizin gegen Traurigkeit.

Januar **11**

Wo wir auf Jesus sehen, geht der Blick von der Notlage zum Notwender.

Januar **12**

Dankbarkeit schenkt ein Leben mit Tiefgang.

13 Januar

Beten richtet auf, weil es entlastet.

14 Januar

Freundlichkeit bringt Farbe in das Grau des Alltags.

15 Januar

Gott ist im Kleinsten am allergrößten.

16 Januar

Freude kann man nur haben, wenn man Freude macht.

Januar **17**

*Ich will im Einklang mit Jesus leben,
damit Freudentöne durch mich erklingen.*

Januar **18**

*Wer von Gott gehalten ist,
der hängt nicht durch.*

19 Januar

Christen drücken nicht die Daumen, sie falten die Hände.

20 Januar

Wenn Gott keinen klaren Marschbefehl gibt, dann tritt lieber auf der Stelle.

Januar

21

Wer nicht dankt, ist gedankenlos.

Januar

22

Bevor wir ein Segen für andere sein können, müssen die Götzen im eigenen Hause gestürzt werden.

23 Januar

Christen sind nicht die letzten Fußkranken der Völkerwanderung, sondern die Avantgarde unserer Zeit.

24 Januar

Beten ist die erste Bürgerpflicht.

Januar 25

Probleme gehören nicht unter den Teppich gekehrt, sondern vor Gott ausgebreitet.

Januar 26

Die Bibel muß vom Lesebuch zum Lebensbuch werden.

27 Januar

Bibelleser sind Führungskräfte, weil sie wissen, wo es lang geht.

28 Januar

Wenn Gott für unser Leben sorgt, haben wir den Rücken frei.

29 Januar

Wir dürfen vor lauter Fernsehen die Nahsicht nicht verlieren.

30 Januar

Gott redet leise, der Teufel laut.

Januar **31**

Wer sich nur noch selbst den Puls fühlt, bleibt im Teufelskreis von Traurigkeit und Selbstmitleid.

1 Februar

Nur wer sich nach der Ewigkeit ausrichtet, kann in unserer Zeit etwas ausrichten.

2 Februar

In einer Welt der schlechten Nachrichten ist die biblische Botschaft die gute Nachricht schlechthin.

Februar **3**

Wer die Bibel liest, sieht fern:
Sein Horizont bekommt Ewigkeitsdimension.

Februar **4**

Gottes Gebote sind der Rahmen
für seine Ebenbilder.

5 Februar

Die Bibel ist kein Machwerk der Menschen, sondern der Liebesbrief Gottes.

6 Februar

Jesus schenkt keine farbenprächtige Fassade, sondern blühendes Leben von innen her.

Februar 7

Gottes Spuren in dieser Welt sagen mir deutlich: Ich habe dich lieb.

Februar 8

Wer Christus nachfolgt, ist der Freude auf der Spur.

9 Februar

Wo Gott einen Punkt setzt, sollten wir kein Fragezeichen mehr machen.

10 Februar

Die »Stille Zeit« am Morgen macht müde Menschen munter.

11 Februar

Das Gebet ist die tägliche Entscheidung, sein ganzes Leben Gott anzuvertrauen.

12 Februar

Wer mit Gott rechnet und auf ihn zählt, der weiß, was die Stunde geschlagen hat.

Februar 13

In dieser Zeit ist zwar der Teufel los, aber Gott am Zug.

Februar 14

Nehmen füllt die Hände, geben füllt das Herz.

15 Februar

Glaube ist keine Rückversicherung für schlechte Zeiten, sondern Grundversorgung für das tägliche Leben.

16 Februar

Unser Thema ist Gottesfurcht, nicht Weltangst.

Februar **17**

Wo Jesus ist, da ist göttliche Allmacht mitten in menschlicher Ohnmacht.

Februar **18**

Bei geistlichem Profil und biblischer Bodenhaftung kommt der Glaube nicht ins Schleudern.

19 Februar

*Glaube ist das, was man wagt.
Nicht das, was man sagt.*

20 Februar

*Gott braucht mutige Vertreter,
keine laschen Leisetreter.*

Februar **21**

Jesus will Nachfolger,
keine Trittbrettfahrer.

Februar **22**

Christsein ist die Folge des
Entschlusses, Christ zu werden.

23 Februar

Christen sind Mutmacher.
Sie stellen der Heidenangst
die Christusfreude entgegen.

24 Februar

Gottes Reden ist die Botschaft
der leisen Töne, nicht der
massiven Beschallung.

-STUBE
Pilsner
Baciqalupo-Söhne. WALDSTR. 43. Berlin.

25 Februar

Ist man von Gott gehalten, kann man Angst und Sorge aushalten.

26 Februar

Bibelleser wissen mehr. Sie haben die Hand am Puls von Zeit und Ewigkeit.

Februar

27

Wer Frieden mit Gott hat,
dem gehört die Zukunft.

Februar

28

Mein Leben steht bei Gott
hoch im Kurs.

29 Februar

Christen sind keine Thermometer, die die Temperatur ihrer Umgebung anzeigen. Sie sind Thermostaten, die sie verändern.

März 1

Hinter jeder Bibel steckt ein kluger Kopf.

März 2

Gott ist mit mir niemals am Ende.

3 März

Nur der kann durchhalten, der gehalten ist.

4 März

Jeder Weg mit Gott ist eine Geschichte des Segens.

März
5

Die Bibel redet nicht um den heißen Brei,
sondern mitten ins Herz.

März
6

Wenn im Glauben Ebbe ist, steigt
beim Aberglauben die Flut.

7 März

Wer seine Wurzeln in der Ewigkeit hat, der kann Wagnisse in der Zeit eingehen.

8 März

Der Mensch braucht Freude wie die Blume die Sonne.

9 März

Wir werden so lange Kritik an der Bibel üben, wie wir nicht Kritik an uns selber üben.

10 März

Bibel und Gebet sind der direkte Weg zum Herzen Gottes.

März **11**

Uns ist kein Leben ohne Probleme versprochen.

März **12**

Gottes Liebe bringt Lebenslicht in Todesschatten.

13 März

Gott ist nicht fern im Weltall, sondern nah im Alltag.

14 März

Was auch immer geschieht: Gott meint es gut mit mir.

15 März

Aus Gegen- und Nebeneinander müssen Mit- und Füreinander werden.

16 März

Mitten in der Alltagssorge weiß ich um Gottes Fürsorge.

März **17**

Wer auf Gott vertraut,
der hat einen langen Atem.

März **18**

Danken bewahrt in guten Tagen
vor Leichtsinn, in schweren Tagen
vor Verzweiflung.

19 März

Gottes Liebe zu mir kann durch nichts in Frage gestellt werden.

20 März

*Ewiges Leben ist kein Hauptgewinn in der Lotterie, sondern
Entscheidung für Jesus.*

März **21**

Gebet ist nicht nur Notruf,
sondern Dauerkontakt.

März **22**

Es gibt keinen Lebensbereich,
der von der Gegenwart Gottes
ausgeklammert ist.

23 März

In Gottes Hand ist meine Zeit am besten aufgehoben.

24 März

Ein Tag ohne Jesus ist ein verlorener Tag.

März **25**

Gott hat seine letzten Trümpfe noch gar nicht ausgespielt.

März **26**

Feste Gebetszeiten sind bewahrende Bastionen.

27 März

Ein Christ ist ein Mensch, der warten kann.

28 März

Nur Leute mit Profil hinterlassen Spuren.

29 März

Christlicher Glaube steht auf dem festen Boden biblischer Tatsachen.

30 März

Weil das Grab Christi leer ist, gibt es keine begrabenen Hoffnungen.

März

31

Christen brauchen nicht um ihre Zukunft zu kämpfen, weil sie auf Golgatha bereits erkämpft wurde.

1 April

Gott schenkt Freude über den Tag hinaus.

2 April

Wer mit Gott im Reinen ist, hat wirklich Frieden.

April **3**

Ungestillte Sehnsucht macht krank,
erfüllte Hoffnung macht stark.

April **4**

Christen sind Kreuz- und Querdenker,
weil sie von Golgatha her kommen.

5 April

Gottes Wort richtet sich nicht nach uns. Wir müssen uns danach richten.

6 April

Christen sind eine echte GmbH: »Gemeinschaft mit begründeter Hoffnung«.

April 7

Geborgen bei Gott gibt Mut für die Welt.

April 8

Liebe ist das, was man täglich daraus macht.

9 April

Fixpunkt der Christen ist der 'crucifixus', der Gekreuzigte.

10 April

Die lebendige Hoffnung der Christen ist die Sauerstoffflasche für die sterbende Welt.

11 April

Ein Herz, das nicht aufrichtig ist, wird krank.

12 April

Gemeinde Jesu Christi: Endzeitliche Körperschaft österlichen Rechts.

April 13

Wer in Christus das Ende seiner Einsamkeit erfährt, der ist frei zur Gemeinschaft mit anderen.

April 14

Mache anderen soviel Freude wie du kannst.

15 April

Wer die Bibel nicht liest, ist schlecht informiert.

16 April

Wo das Lob Gottes endet, beginnt oft das Leid des Menschen.

17 April

Danken bewahrt davor, daß uns die Probleme über den Kopf wachsen.

18 April

Wo der Glaube schwindet, wächst die Sünde.

April 19

Freude ist dem Glauben zugeordnet wie die Flamme dem Feuer.

April 20

Wem die Zukunft gewiß ist, der gestaltet die Gegenwart mit Hoffnung.

21 April

Die Gemeinde ist der Boden, auf dem der Glaube wachsen kann.

22 April

Wahre Ruhe findet nur, wer bei Gott zu Hause ist.

23 April

Wenige leben. Viele werden bloß alt.

24 April

Wer weiß, wem die letzte Stunde gehört, der braucht den nächsten Augenblick nicht zu fürchten.

April

25

Es wird hell auf dem Lebensweg,
wenn andere für uns beten.

April

26

Loben und Danken öffnen
dem Segen Tor und Tür.

27 April

Weder Weltflucht noch Weltsucht ist gefragt, sondern Weltverantwortung.

28 April

Stille ist die Arbeitszeit des Heiligen Geistes.

April 29

*Stille ist Atemholen der Seele
und Kraftquelle zum Leben.*

April 30

*Weil Gott mir aufhilft, können
Niederlagen mich nicht niederlegen.*

1 Mai

Wer den Wert seines Lebens in Christus hat, der kann seinen Beruf als Dienst verstehen.

2 Mai

Nicht die Menge meiner Arbeit, sondern die Motive machen mein Tun zu einem gesegneten.

Mai **3**

Wenn mein Heute auch schwer ist, so macht mich Gottes Morgen doch froh.

Mai **4**

Je enger die Gemeinschaft mit Gott, desto weiter das Herz für andere.

5 Mai

Tragfähiger Glaube ist die beste Basis für die Schlechtwetterzonen des Lebens.

6 Mai

Je tiefer unsere Wurzeln im Glauben, desto größer der Halt im Leben.

7 Mai

Zum Dank nach oben gehört auch der Dank zur Seite.

8 Mai

Christen sind nicht problem-, sondern verheißungsorientiert.

Mai 9

Wen Gott beim Namen ruft,
den verabschiedet er nicht.

Mai 10

Gott packt uns nicht in Watte,
aber er erhält uns im Glauben.

11 Mai

Gott segnet nicht nur durch Ruhe, sondern auch durch Aufgaben.

12 Mai

Wer glaubt, sich alles selbst zu verdanken, denkt auch nur an sich selbst.

Mai 13

Wenn Gott redet, ist die Gemütlichkeit zu Ende.

Mai 14

Wir leben aus dem Reichtum göttlich garantierter Verheißungen.

15 Mai

Nach dem Tod beginnt das Leben.

16 Mai

Die Bibel ist Frohbotschaft, nicht Drohbotschaft.

Mai 17

Gebet ist eine Möglichkeit ohne Grenzen.

Mai 18

Der Heilige Geist führt nicht in fromme Gefühle, sondern in das Wort Gottes.

19 Mai

Loben, nicht lamentieren – darin liegt die Identität des Christen.

20 Mai

Bei Gott sitzen wir immer in der ersten Reihe.

21 Mai

Gott gibt mir Licht für den nächsten Schritt, aber keinen Scheinwerfer für den ganzen Weg.

22 Mai

Gebet und Einsatz für Israel und die Juden sind Christenpflicht.

Mai **23**

Ohne die Gebote Gottes
gerät ein Staat außer Fassung –
trotz Gott in der Verfassung.

Mai **24**

Gottes guter Geist macht aus
Angsthasen Freudenboten.

25 Mai

Vertrauen heißt: mit Fragen leben, auf die es keine Antwort gibt.

26 Mai

Leere Zeit wird zur Last. Erst erfüllte Zeit wird zur Lust.

Mai 27

Dankbare Gebete sind wie der Ausbruch eines Vulkans, der das Glück nicht mehr für sich behalten kann.

Mai 28

Wer Gott im Herzen hat, kann kein Klagelied auf den Lippen haben.

29 Mai

Die Verheißungen der Bibel sind die Blankoschecks Gottes.

30 Mai

Gott macht keine Geschichten, er macht Geschichte.

Mai **31**

Gesegnete Leute hinterlassen keine Schlagzeilen, sondern Spuren für die Ewigkeit.

1 Juni

Für wen Gott sorgt, der hat ausgesorgt.

2 Juni

Wer sich an Gott hält, der ist gehalten.

3 Juni

Wer sich auf Gott verläßt, ist nie verlassen.

4 Juni

Wir dürfen fröhlich hoffen, denn uns steht der Himmel offen.

Juni **5**

Einblick in die Bibel bringt Überblick
für heute, Weitblick für morgen
und Ausblick in die Ewigkeit.

Juni **6**

Gott gibt einen neuen Imperativ:
Du darfst, weil ich kann.

7 Juni

Verlorene Zeit macht lebensmüde; gewonnene Zeit macht lebenssatt.

8 Juni

Frieden kann nur haben, wer ihn weitergibt.

Juni **9**

Gott gibt mir keine Landkarte in die Hand. Er reicht mir seine Hand.

Juni **10**

Gott hält bei mir aus, auch wenn es nicht mehr zum Aushalten ist.

11 Juni

Wer Christ sein will, der willigt ein in Gottes Willen.

12 Juni

Gottes Ewigkeit ist wichtiger als alles Gehabe der Zeit.

Juni **13**

Jesus Christus ist nicht das Schlußlicht am Zug der Zeit, sondern der Morgenglanz der Ewigkeit.

Juni **14**

Wir wollen unsere Zeit nicht verschwenden, sondern verschenken.

15 Juni

Wir leben zwar alle unter dem gleichen Himmel, haben aber noch lange nicht den gleichen Horizont.

16 Juni

Gottes ewige Weite schenkt Geborgenheit im zeitlichen Heute.

17 Juni

In diese Welt bringt Gott keine vollendete Friedensordnung, aber sein tägliches Friedensangebot.

18 Juni

Erfüllt ist ein Tag, wenn ich ihn von Gott annehme, in seinem Namen beginne und in seine Hände wieder zurücklege.

Juni **19**

Vom Eigenlob weg zum Gotteslob –
so geht der Weg zum Nächsten.

Juni **20**

Gott mutet uns nur das zu, was
wir tragen können.

21 Juni

Gott ist nicht verborgen, er offenbart sich mitten in der Geschichte.

22 Juni

Christen wissen: Keine Arbeit ist vergeblich.

Juni **23**

Wo ich mich Gott anvertraue, kann aus dem Klagelied ein Lobgesang werden.

Juni **24**

Jeder Mensch, der mir begegnet, ist ein Gruß Gottes an mich.

25 Juni

*Wer ans Ziel kommen will,
muß Spur halten.*

26 Juni

*Wo wir an unsere Grenzen stoßen,
beginnt Gottes grenzenloses Erbarmen.*

Juni **27**

Wer mit offenen Augen durch Israel reist, der stellt fest: Die Bibel hat doch recht.

Juni **28**

Klug werden heißt: Sein Leben auf Ewigkeit programmieren.

29 Juni

Lob und Dank sind die Grundmelodie eines christlichen Lebens.

30 Juni

Gott loben – das ist keine Frage der Stimme, sondern des Herzens.

marin
française

1 Juli

Das Niemandsland des Teufels muß Hoheitsgebiet Gottes werden.

2 Juli

Je weniger Gottesfurcht, desto mehr Heidenangst.

Juli 3

Die Nachrichten von heute sind bereits morgen von gestern. Bleibend aktuell ist die Botschaft der Bibel.

Juli 4

Jesus liebt mich nicht, weil ich mein Soll erfüllt habe.

5 Juli

Gott gibt heimatlosen Gesellen ein meisterhaftes Zuhause.

6 Juli

Freude ist die Grundausstattung eines christlichen Hauses.

7 Juli

Das Wort Gottes paßt sich nicht an, es paßt auf.

8 Juli

Ewiges Leben schenkt inneren Reichtum, den keine Inflation zerstören kann.

Juli 9

Der Blick in Gottes Weite macht
tüchtig für heute.

Juli 10

Wer Gott zu sich reden läßt,
wird frei von Fragen.

11 Juli

Der Weitblick des Glaubens sprengt die Engstirnigkeit des Wissens.

12 Juli

Glaube macht aus oberflächlichen Menschen tiefgründige Denker.

Juli **13**

Dankbarkeit ist das Gedächtnis des Herzens.

Juli **14**

Wer sich Zeit zur Besinnung nimmt, findet auch seine Bestimmung.

15 Juli

*Wer dankbar lebt,
der lernt das Staunen.*

16 Juli

Gebet ist kein Hobby beschaulicher Leisetreter, sondern die Arbeit weltverändernder Revolutionäre.

Juli **17**

Auch diesen Tag hat Gott gemacht;
deshalb ist er wertvoll, egal, was geschieht.

Juli **18**

Wer nicht genießen kann,
wird ungenießbar.

19 Juli

Herr, lehre mich die Kunst der kleinen Schritte.

20 Juli

Gottes Wege erkennt man oft erst dadurch als richtig,
indem man anfängt, sie zu gehen.

21 Juli

Wer die Dinge von ihrem Ende her sieht, kann heute schon loben und danken.

22 Juli

Gleichgültigkeit und Resignation sind der Tod des Lebens.

Juli **23**

Christen fragen nicht, was auf uns zukommt, sondern wer: Jesus Christus.

Juli **24**

Zukunftshoffnung und Gegenwartsverantwortung sind zwei Seiten einer Medaille.

25 Juli

*Gottes Mobilmachung beginnt
mit Befehls- und Kraftempfang
im stillen Beten und Bibellesen.*

26 Juli

*Die Durchreise zur ewigen Heimat
ist keine Urlaubsreise, sondern eine Dienstreise.*

Juli **27**

Wer die Zeit totschlägt,
verpaßt das Leben.

Juli **28**

Viele Freizeitangebote leeren den
Geldbeutel, ohne das Herz zu füllen.

29 Juli

Gott hat ein Herz für seine Kinder.

30 Juli

Wir stehen im Lichtkegel der Liebe Gottes.

Juli **31**

Echte Information hilft, Gutes von Bösem zu unterscheiden und läßt das Gute nachahmenswert erscheinen.

1 August

Runderneuerung aus der Ewigkeit gibt Profil für die Zeit.

2 August

Für andere da zu sein, ist ein gutes Mittel gegen Selbstmitleid.

3 August

Vergebung bedeutet nicht Urlaub, sondern Abschied von der Vergangenheit.

4 August

Wer mit Jesus anfängt, den umfängt Freude.

August **5**

Gott will in der Stille meinen Glauben erneuern. Der Teufel will ihn durch Lärm zerstören.

August **6**

Gegen die Flut der Furcht müssen wir Deiche des Gebets bauen.

7 August

Gott ist größer als mein größtes Problem.

8 August

Alles ist im Gehen. Gott aber ist im Kommen.

August 9

Durch eine Träne kann man oft weiter sehen als durch ein Fernrohr.

August 10

Wir können nie über die Bibel hinaus-, sondern nur immer tiefer in sie hineinwachsen.

11 August

Jeder neue Tag ist eine Leihgabe Gottes.

12 August

Dank gegen Gott macht frei von sich selbst.

August **13**

*Das letzte Wort über diese Welt
haben nicht Menschen und Mächte.
Christus wird es sprechen.*

August **14**

*Stille ist keine Methode, sondern eine
Lebenseinstellung.*

15 August

Fürbitte heißt: den anderen in die Sonne Gottes stellen.

16 August

Wer danken kann, für den bekommt die Welt ein neues Gesicht.

17 August

Im Licht des Wortes Gottes gibt es verläßliche Orientierung, nicht im Geflimmer der Tagesmeinungen.

18 August

Hoffnung ist Sauerstoff fürs Leben.

August 19

Womit man selig sterben kann, damit kann man auch glücklich leben.

August 20

Christen sind keine Miesmacher, sondern Mutmacher.

21 August

Nur, wer vorher das kleine »Kyrie eleison« gestammelt hat, kann hinterher das große »Halleluja« singen.

22 August

Wer die Fülle der Probleme zum Ausgangspunkt seines Denkens macht, dessen Gedanken gehen ins Leere.

August 23

Wir wollen die Gegenwart mit Hoffnung gestalten, weil uns die Zukunft gewiß ist.

August 24

Die Anrede Gottes gibt mehr Mut als alles Gerede der Welt.

25 August

Gewißheit, nicht Gefühl ist Gradmesser für den Glauben.

26 August

Niemand kann tiefer fallen als in die Hand Gottes.

August 27

Das weltpolitische Handeln der Christen ist nur dann christlich, wenn es aus der Buße kommt.

August 28

Wer Gefallensein und Erlösungsbedürftigkeit der Welt nicht einkalkuliert, dessen Handeln bleibt utopischer Aktionismus.

29 August

Die ganze Schöpfung trägt Gottes Fingerabdrücke.

30 August

Wer nur großen Ideen und Zielen nachjagt, der versäumt das Glück,
das in kleinen Dingen liegt.

31 August

Wo das Reden zum Gerede
und das Tun zum Getue wird,
da zählt wieder das Echte.

September 1

Christliches Handeln ist nur dann christlich, wenn man als Christ identifizierbar bleibt.

September 2

Ohne Zeiten der Distanz zu den Tagesthemen von heute kann auf Dauer niemand leben.

3 September

Wo ich meine Not zu Gott bringe, wird sie vielleicht nicht erklärlicher, aber auf jeden Fall erträglicher.

4 September

Wer für Gott keinen Platz hat, bereitet sich die Hölle auf Erden.

September 5

Mit Gott kommt Farbe in mein Leben.

September 6

Wer sich den Himmel nicht mehr verdienen muß, der kann seinem Nächsten dienen.

7 September

Mit Gott sind wir immer in der Mehrheit.

8 September

Wem das Wasser bis zum Halse steht, darf den Kopf nicht hängen lassen.

September **9**

Für jeden kommt der Tag der Bilanz,
die nicht zu frisieren ist.

September **10**

Gebet ist der Motor christlicher
Weltverantwortung.

11 September

Christen werden nicht aufs Jenseits vertröstet, sondern aus dem Jenseits getröstet.

12 September

Weil Jesus das Licht ist, gibt es für Christen keinen Sonnenuntergang.

13 September

Jesus kam nicht, um uns zu verwöhnen, sondern zu versöhnen.

14 September

Trost im Sinne der Bibel heißt: Gegenwart Gottes im Leid.

September **15**

Wenn Gott etwas nimmt, will er meist Größeres geben.

September **16**

Glaube ist wie ein Seil, an dem man sich festhalten kann.

17 September

Wer Gottes Wort für bare Münze nimmt, braucht bei den Götzen keinen Kredit.

18 September

Die Herren dieser Welt kommen und gehen, Gott aber bleibt.

September 19

Gott und sein Wort sind mir wichtiger als alle Forderungen dieser Welt.

September 20

Wer betet, bekommt Ordnung in sein Leben.

21 September

Unsere Zeit braucht keine hektischen Weltverbesserer, sondern besonnene Beter.

22 September

Wer den Himmel zum Ziel hat, dem kann die Erde nicht gleichgültig sein.

September 23

Gott loben heißt: ihm recht geben.

September 24

Glaube ist nicht angeboren. Zu ihm wird man wiedergeboren.

25 September

Die glücklichsten Menschen sind nicht die, die am meisten haben. Es sind die, die am meisten danken.

26 September

Gottes Hände halten die weite Welt – und mich.

27 September

Gott setzt vor die Nullen unserer Angst die große Eins seiner Gegenwart.

28 September

Wer ein Leben mit Profil haben will, muß sich Gottes Einschnitte gefallen lassen.

September 29

Dankbarkeit ist der Schlüssel zu einem erfüllten Leben.

September 30

Wer im Vertrauen auf Gott sät, der erntet Segen.

1 Oktober

Gott braucht ganze Menschen, weil er selbst keine halben Sachen macht.

2 Oktober

Wer betet, hat einen heißen Draht zu Gott.

Oktober **3**

Wir brauchen keine Wendehälse, sondern Wendeherzen. Menschen, die sich ganz Gott und seinem Wort zuwenden.

Oktober **4**

Jesus ist der entscheidende Aktivposten meiner Lebensbilanz.

5 Oktober

Gebet ist eine Mauer, die dem Teufel das Eindringen verwehrt.

6 Oktober

Nicht meine Wünsche, sondern seinen Willen erfüllt Gott.

Oktober **7**

Es darf nie so eng werden im Leben, daß für die Liebe kein Platz mehr ist.

Oktober **8**

Wer nie Zeit hat, der hat Angst vor seiner Zeitlichkeit und davor, etwas zu verpassen.

9 Oktober

Freude verdirbt, wenn man sie nicht teilt.

10 Oktober

Geteilte Freude bringt doppelten Segen.

11 Oktober

Die Welt braucht keine Angstmacher, sondern Hoffnungsboten.

12 Oktober

Wer über Gott reden will, muß zunächst auf Gott hören.

Oktober **13**

Wer klug ist, kalkuliert Gott in die Rechnung seines Lebens ein.

Oktober **14**

Wenn der Vorhang auf der Weltbühne fällt, dann zählt nur noch das Echte.

15 Oktober

Segen wirkt nicht Erfolg, sondern Erfüllung.

16 Oktober

Engel sind Gottes Geleitschutz aus der Ewigkeit.

Oktober **17**

Vergeßlichkeit und Undank sind der Tod des Lobens.

Oktober **18**

Wir brauchen nicht wesentlich mehr, sondern mehr Wesentliches.

19 Oktober

Alle Segnungen Gottes sind auf Steigerung angelegt.

20 Oktober

Auf wen ich höre, dem gehöre ich auch, weil ich ihm gehorche.

Oktober 21

Christen sind nicht eingerichtet in dieser endlichen Welt, sondern ausgerichtet auf Gottes ewiges Ziel.

Oktober 22

Die Hoffnung auf den Himmel ist keine weltfremde Romantik, sondern weltverändernde Realität.

23 Oktober

Gott ganz vertrauen heißt:
mit leeren Händen kommen
und alles von ihm erwarten.

24 Oktober

Gott ist nicht geizig.
Er schenkt verschwenderisch.

25 Oktober

Gesegnete Menschen kommen immer in vorbereitete Verhältnisse.

26 Oktober

Gott beruft nicht immer die Fähigsten, aber er befähigt die Berufenen.

Oktober **27**

Wer in guten Zeiten Gott sein Herz öffnet, der hat in der Not festen Halt.

Oktober **28**

Gott sieht mich, auch wenn ich nur noch Sorgen sehe.

29 Oktober

Gott will nicht, daß wir zum Teufel gehen. Er will, daß wir in den Himmel kommen.

30 Oktober

Jesus kommt nicht, um von oben zu zwingen, sondern von unten zu tragen.

Oktober

31

Wer vor Gott kniet, der kann vor Menschen gerade stehen.

1 November

Liebe ist: den andern bejahen, wie er ist – mag er sein, wie er will.

2 November

Echte Vergebung reicht die Hand und klärt nicht die Schuldfrage.

November 3

*Stille über der Bibel führt uns zu Gott
und dann zu uns selbst.*

November 4

*Erst die Einkehr bei Gott schafft die
Hinkehr zur Welt.*

5 November

Geborgen bei Gott macht stark in der Welt.

6 November

Auch im Sturm des Alltags bin ich gewiß, daß mein Lebensschiff einst sicher im Hafen der Ewigkeit ankommt.

Rettungsboot

7 November

Gott hilft nicht immer am Leid vorbei, aber auf jeden Fall hindurch.

8 November

Bei Gott ist mein Leben eine Wertanlage ohne Kursverfall.

November 9

Nicht nur Taten, auch Gebete bewegen die Geschichte.

November 10

Wir brauchen Positionslampen, keine Irrlichter.

11 November

Wo gebetet wird, da fließt Segen.

12 November

Umkehr zu Gott ist Abkehr von der Sünde.

November **13**

Dunkle Tage werden hell, wo wir Gottes Sonne einlassen.

November **14**

Es ist besser, Schuld zu vergeben als zu verniedlichen.

15 November

Christen leben angesichts des Todes voller Lebensbejahung.

16 November

Wer einen Pakt mit dem Leben schließt, braucht den Tod nicht zu fürchten.

November **17**

Anfangen zu danken ist der beste Weg, trübe Stunden zu beenden.

November **18**

Wer Frieden haben will, muß der Sünde den Krieg erklären.

19 November

Wen Gott in seine Hand einschließt,
der ist vom Tode ausgeschlossen.

20 November

Mit Gott über meinen Nächsten
und mit meinem Nächsten über Gott
reden – das sind zwei Seiten einer Münze.

21 November

Vor uns liegt nicht der Tod, sondern das Leben.

22 November

Mit Gott tritt man nicht auf der Stelle, sondern beschreitet einen Weg.

November 23

Gastfreundschaft und Nächstenliebe sind Gradmesser echten Christseins.

November 24

Wir sollen Mut zum Glauben machen, statt Mangel an Glauben vorzuwerfen.

25 November

Gott hat uns als Originale geschaffen, nicht als Kopie.

26 November

Sich im anderen verlieren, ohne sich aufzugeben – das ist Liebe.

27 November

*Nur wer mit dem Herzen sieht,
kann dem anderen die Wünsche
von den Augen ablesen.*

28 November

Es geht um die Alternative: Gott im Rücken oder der Teufel im Nacken.

November

29

Weltangst nimmt ab,
wo Gottesfurcht wächst.

November

30

Selbstverleugnung ist das Programm
der Bibel, nicht Selbstverwirklichung.

1 Dezember

Der Ablauf der Geschichte ist Beweis genug: Gottes Prophezeiungen sind keine leeren Worte.

2 Dezember

Das unendliche Leid dieser Welt ist ein Teufelskreis, nicht Gottes Werk.

Dezember **3**

Jesus macht das Leben wieder flott, wo es festgefahren ist.

Dezember **4**

Pausenloser Einsatz ist gelebter Unglaube.

5 Dezember

Der tägliche Einblick in die Bibel gibt Ausblick für die Zukunft.

6 Dezember

Freude gehört zum Glauben wie die Welle zum Wasser.

Dezember **7**

Advent: Einbruch der Ewigkeit in die Zeit. Aufbruch von Furcht zur Freude.

Dezember **8**

Friede ist nicht die Abwesenheit von Krieg, sondern die Anwesenheit von Gott.

9 Dezember

*Christen fliehen nie aus der Welt,
aber immer ins Gebet. Und dahin
nehmen sie die Welt mit.*

10 Dezember

*Der Triumph der Welt ist nur Schein.
Echt ist der letzte Sieg, und der gehört Christus.*

cameras MINOLTA copiers

11 Dezember

Was in der Stille auf uns einwirkt, das wirkt sich auch auf uns aus – und auf andere um uns herum.

12 Dezember

Wir sollen Wegweiser zu Jesus sein, nicht Wegweiser von ihm weg.

Dezember 13

Gottes Weihnachtswunsch:
das Herz des Menschen.

Dezember 14

Jesus will keine Nachbeter,
sondern Nachfolger.

15 Dezember

Gott schließt der Zukunft Türen auf.

16 Dezember

Gemeinschaft mit Gott befreit aus dem Gefängnis der Ichbezogenheit.

17 Dezember

Gott hat immer Sprechstunde.

18 Dezember

Advent heißt: aus Heidenangst wird Christusfreude.

Dezember **19**

Start allein bringt noch nicht ans Ziel.

Dezember **20**

Vergeben, nachgeben, abgeben –
aber nie aufgeben.

21 Dezember

Bethlehem ist der Brunnen der Freude, Golgatha die Quelle der Hoffnung.

22 Dezember

Das Christfest wirkt stärker als aller Mißbrauch, der ihm angetan wird.

Dezember **23**

Weihnachten bringt große Freude zu uns kleinen Leuten.

Dezember **24**

Weihnachten ist kein Traum für Stunden, sondern gibt Kraft zum Leben.

25 Dezember

Wer über der Christnacht nicht froh wird, ist seinen Christennamen nicht wert.

26 Dezember

Wenn Gott verspricht, hat er sich noch nie versprochen.

Dezember 27

Wo Gott nicht geehrt wird,
kann kein Friede sein.

Dezember 28

Menschen sind weder Massen- noch
Wegwerfware, sie sind Ebenbilder Gottes.

29 Dezember

Am Ende gibt es nur noch Freiwillige: die sich für und die sich gegen Jesus entschieden haben.

30 Dezember

Wer auf uns blickt, sollte Glauben sehen. So sind wir wandelnde Werbeträger für die unwandelbare Tatsache: Jesus lebt!

31 Dezember

*Jahresende wird zur Lebenswende,
wo man sich vornimmt: Künftig
kein Tag ohne Jesus!*

Von Peter Hahne ist bei Johannis außerdem lieferbar:

Auf den Wegen des Lebens getröstet
Nr. 05901

Auf den Wegen des Lebens gesegnet
Nr. 05902

Auf den Wegen des Lebens geborgen
Nr. 05903

Gb., je 32 S., 15 x 12,5 cm, viele Farbfotos

Mit dem Atem der Hoffnung leben
Ein Bildkartenbuch
Nr. 06015

Nachrichten, die Mut machen
Nr. 05006

Gb., 48 S., 11,5 x 12 cm, 20 farb. Abb.

Dank für heute und morgen
Nr. 11501

Stille für heute und morgen
Nr. 11502

Hoffnung für heute und morgen
Nr. 11503

Freude für heute und morgen
Nr. 11504

Friede für heute und morgen
Nr. 11505

Mut für heute und morgen
Nr. 11506

Jedes Heft im Postkartenformat, 16 S., davon 6 Farbfotoseiten

Ein Geburtstagsbrief
Nr. 07601

Ein Brief an den neuen Erdenbürger
Nr. 07602

Ein Brief zur Hochzeit
Nr. 07603

Ein Trostbrief
Nr. 07604

Je 16 Seiten, 1 Seite für den selbstgeschriebenen persönlichen Gruß, 6 Seiten mit ausgewählten Fotos und weitere Textseiten.

Mini-Farbfoto-Text-Hefte

Jesus ist kommen
Nr. 19618

Getroster Mut zum Leben
Nr. 19625

Je 16 Seiten, 12 x 10 cm, ausgewählte Farbbilder